Mein erstes Englisch Bildwörterbuch

Illustrationen von Angela Weinhold

gondolino

ISBN: 987-3-8112-3300-3
© für diese Ausgabe: gondolino GmbH, Bindlach 2012
Illustrationen: Angela Weinhold
Printed in the Czech Republic
5 4 3 2 1

Alle Rechte vorbehalten:
Kein Teil dieses Werkes darf ohne schriftliche Einwilligung des Verlages in irgendeiner
Form (Fotokopie, Mikrofilm oder ein anderes Verfahren) reproduziert werden oder unter
Verwendung elektronischer Systeme verarbeitet, vervielfältigt oder verbreitet werden.

Der Umwelt zuliebe gedruckt auf chlorfrei gebleichtem Papier.

www.gondolino.de

Inhalt/**Contents**

Mein Körper/**My body** 6

Die Kleidung/**Clothes** 8

In der Küche/**In the kitchen** 10

Im Esszimmer/**In the dining room** 12

Im Badezimmer/**In the bathroom** 14

Im Wohnzimmer/**In the living room** 16

Im Kinderzimmer/**In the children's room** 18

In der Schule/**At school** 20

In der Stadt/**In town** 22

Der Verkehr/**Transport** 24

Im Supermarkt/**At the supermarket** 26

Im Zoo/**At the zoo** 28

In Wald und Wiese/**In the forest and on the meadow** 30

Auf dem Bauernhof/**At the farm** 32

Was ich tue/**What I do** 34

Gegensätze/**Opposites** 36

Wetter, Jahreszeit und Monat/
Weather, seasons and months of the year 38

Woche und Uhrzeit/**Days of the week and time** 40

Zahlen/**Numbers** 41

Wörterliste/**Vocabulary** 42

Mein Körper/**My body**

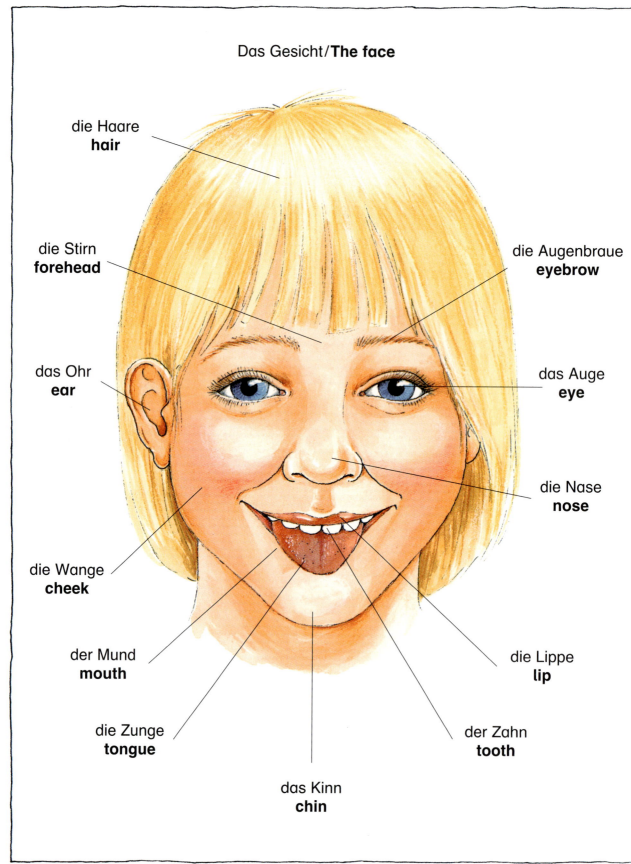

Das Gesicht/**The face**

6

Der Körper/**The body**

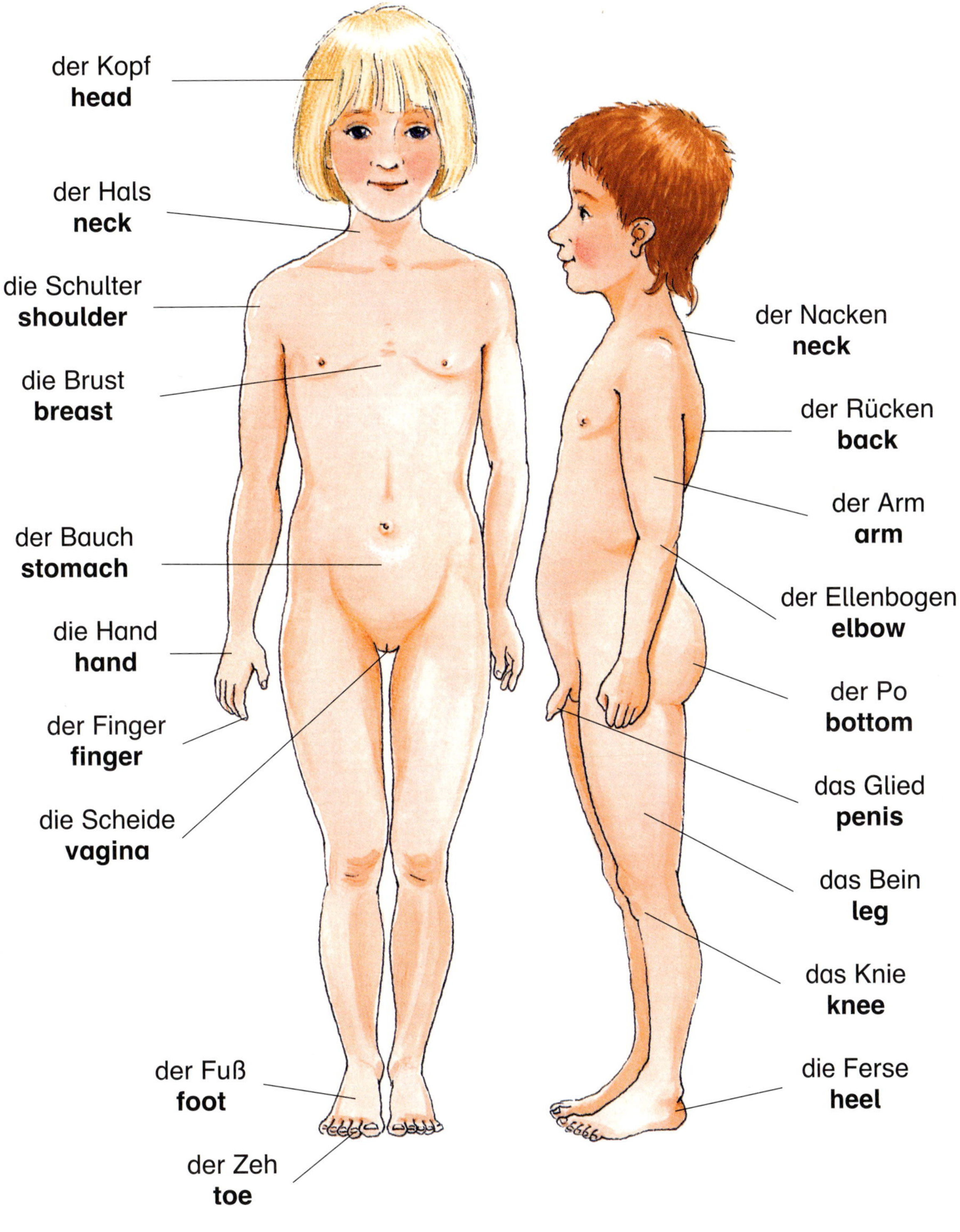

der Kopf
head

der Hals
neck

die Schulter
shoulder

die Brust
breast

der Bauch
stomach

die Hand
hand

der Finger
finger

die Scheide
vagina

der Fuß
foot

der Zeh
toe

der Nacken
neck

der Rücken
back

der Arm
arm

der Ellenbogen
elbow

der Po
bottom

das Glied
penis

das Bein
leg

das Knie
knee

die Ferse
heel

7

Die Kleidung/Clothes

In der Küche/In the kitchen

Im Esszimmer/**In the dining room**

Im Badezimmer/In the bathroom

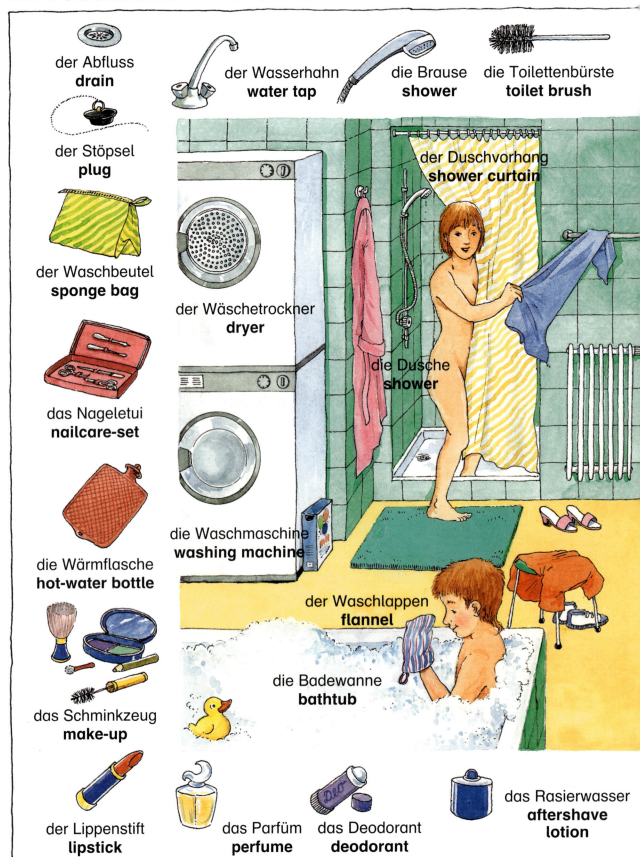

die Haarspange
hair slide

das Haargummi
hair tie

der Kamm
comb

die Bürste
brush

der Zahnputzbecher
toothbrush glass

die Zahnbürste
toothbrush

die Zahnpasta
toothpaste

die Watte
cotton wool

die Kreme
cream

die Seife
soap

das Duschgel
shower lotion

die Fliesen
tiles

das Toilettenpapier
toilet paper

der Spiegel
mirror

der Föhn
hairdryer

die Toilette
toilet

der Bademantel
bathrobe

das Waschbecken
wash-sink

das Handtuch
towel

die Waage
scales

die Wäsche
laundry

der Rasierapparat
shaver

das Haarspray
hair spray

das Shampoo
shampoo

das Schaumbad
bubble bath

Im Wohnzimmer/In the living room

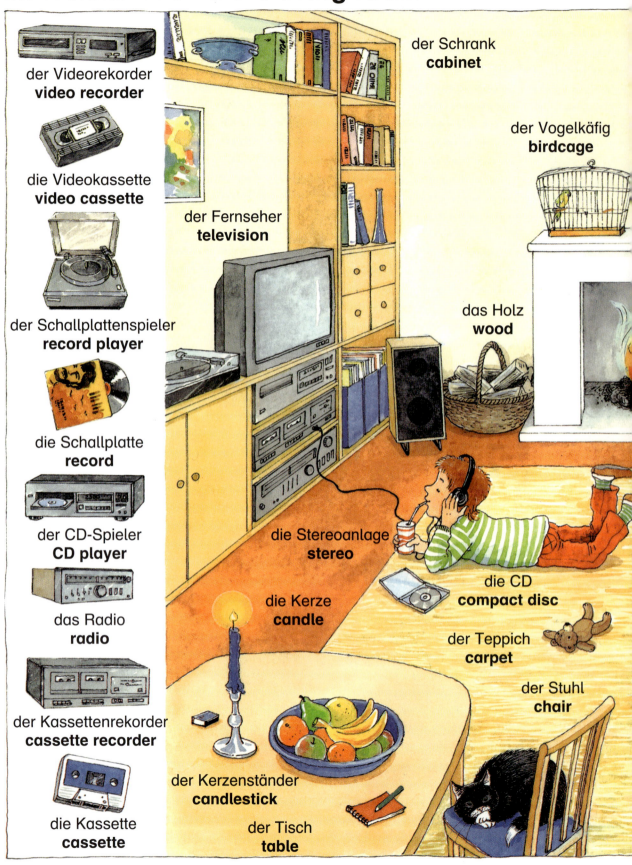

Im Kinderzimmer/In the children's room

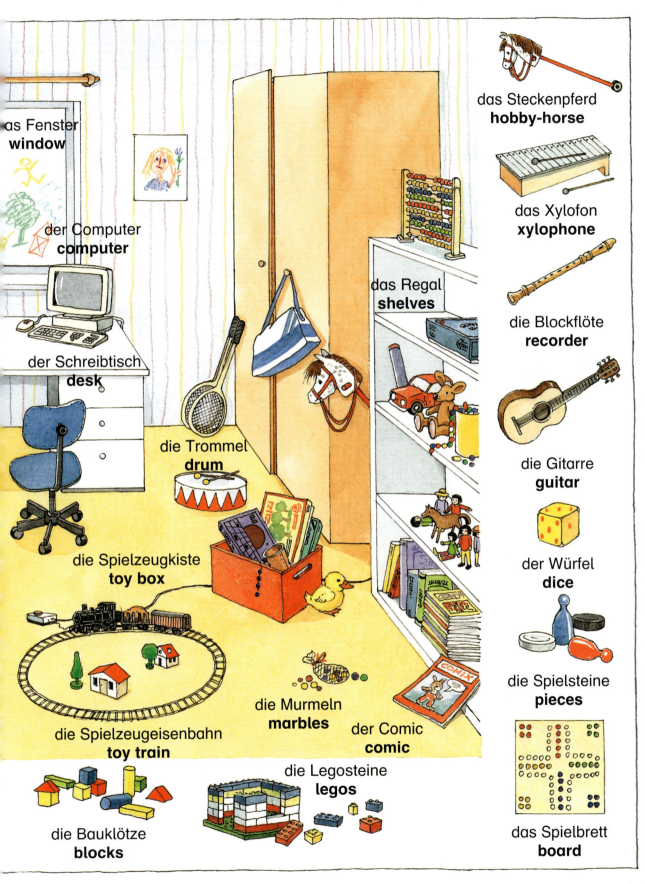

In der Schule/At school

In der Stadt/**In town**

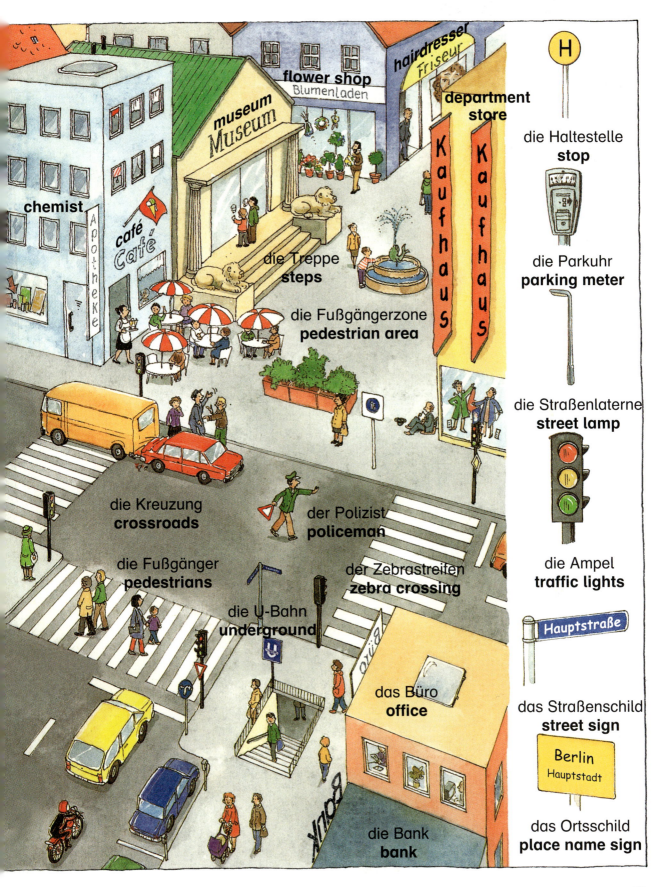

Auf der Straße/On the road

das Auto
car

das Motorrad
motorcycle

der Lastwagen
lorry

das Verkehrsschild
traffic sign

die Tankstelle
petrol station

das Benzin
petrol

die Notrufsäule
emergency telephone

der Stau
traffic jam

der Verkehr
traffic

die Autobahn
motorway

die Raststätte
service area

der Parkplatz
car park

der Omnibus
bus

der Krankenwagen
ambulance

das Polizeiauto
police car

der Abschleppwagen
recovery vehicle

die Müllabfuhr
refuse collection

das Feuerwehrauto
fire engine

Im Supermarkt/At the supermarket

Im Zoo/At the zoo

In Wald und Wiese/In the forest and on the meadow

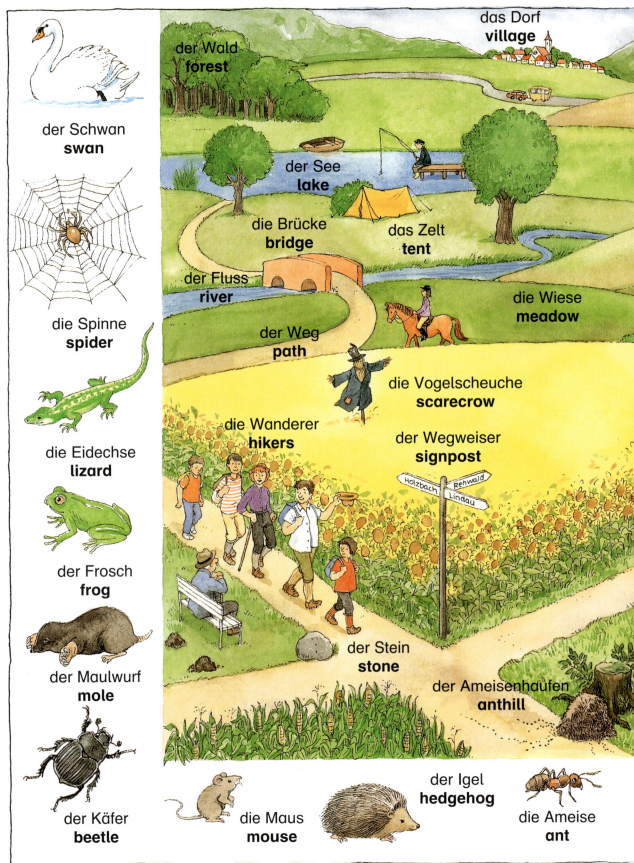

Auf dem Bauernhof/**At the farm**

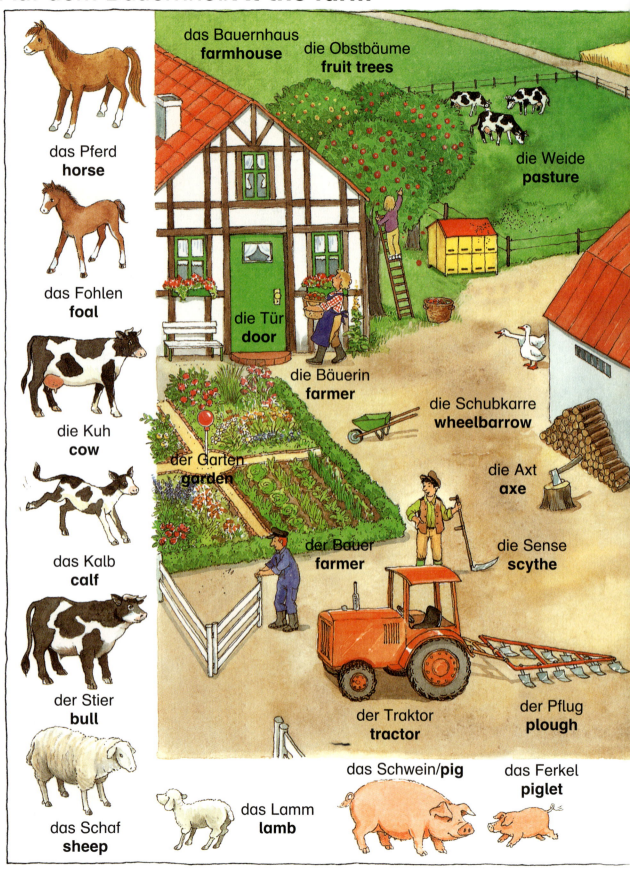

Was ich tue/**What I do**

Gegensätze/Opposites

Wetter, Jahreszeit und Monat/**Weather, seasons and**

months of the year

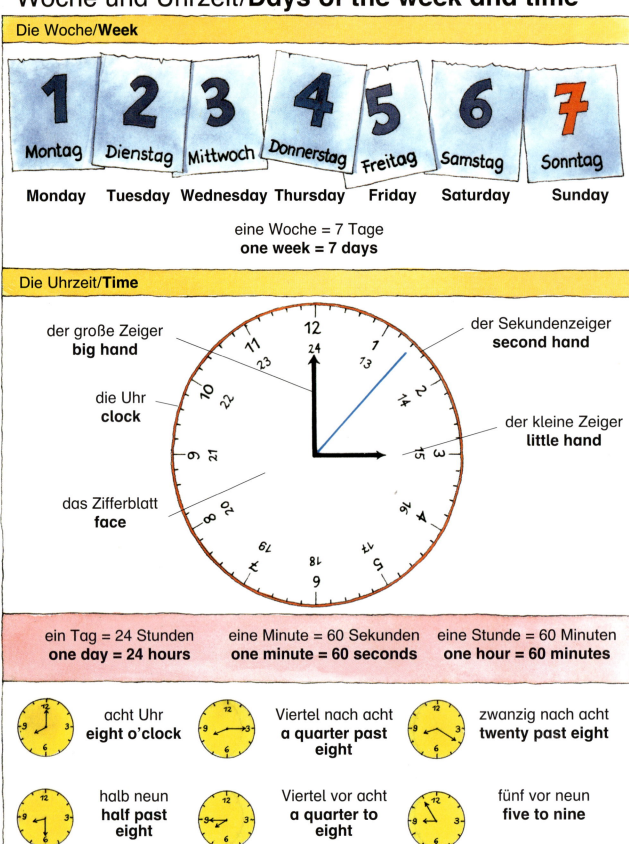

Zahlen/**Numbers**

1 eins/**one**	2 zwei/**two**	3 drei/**three**	4 vier/**four**	5 fünf/**five**
6 sechs/**six**	7 sieben/**seven**	8 acht/**eight**	9 neun/**nine**	10 zehn/**ten**
11 elf/**eleven**	12 zwölf/**twelve**	13 dreizehn/**thirteen**	14 vierzehn/**fourteen**	15 fünfzehn/**fifteen**
16 sechzehn **sixteen**	17 siebzehn **seventeen**	18 achtzehn **eighteen**	19 neunzehn **nineteen**	20 zwanzig **twenty**

Wörterliste/**Vocabulary**

A

Abfluss	14	**drain**
Abschleppwagen	25	**recovery vehicle**
acht	40, 41	**eight**
achtzehn	41	**eighteen**
Affe	28	**monkey**
Alphabet	21	**alphabet**
Ameise	30	**ant**
Ameisenhaufen	30	**anthill**
Ampel	23	**traffic lights**
Anhänger	33	**trailer**
Anker	24	**anchor**
Anorak	9	**anorak**
anschauen	35	**to look at**
Anspitzer	21	**sharpener**
anziehen	34	**to put on**
Apfelsaft	27	**apple juice**
Apotheke	23	**chemist**
April	39	**april**
Aquarium	29	**aquarium**
Arm	7	**arm**
Armband	9	**bracelet**
Armbanduhr	9	**wrist watch**
Ast	31	**branch**
aufräumen	34	**to tidy up**
aufwachen	34	**to wake up**
Auge	6	**eye**
Augenbraue	6	**eyebrow**
August	39	**August**
Auto	25	**car**
Autobahn	25	**motorway**
Axt	32	**axe**

B

Backblech	11	**baking tray**
Backofen	10	**oven**
Badeanzug	9	**swim-suit**
Badehose	9	**swimming trunks**
Bademantel	15	**bathrobe**
Badewanne	14	**bathtub**
Badezimmer	14	**bathroom**
Bäckerei	26	**bakery**
Bäuerin	32	**farmer**
Bahnhof	24	**railway station**
Bahnsteig	24	**platform**
Ball	18	**ball**
Bank	23	**bank**
Bauch	7	**stomach**
Bauer	32	**farmer**
Bauernhaus	32	**farmhouse**
Bauernhof	32	**farm**
Bauklötze	19	**blocks**
Baum	31	**tree**
Becher	11	**mug**
Bein	7	**leg**
Benzin	25	**petrol**
Berg	31	**mountain**
Bett	18	**bed**
Bettdecke	18	**blanket**
Bikini	9	**bikini**
Bild	17	**picture**

Blatt	20	**piece of paper**
Bleistift	21	**pencil**
Blitz	39	**lightning**
Blockflöte	19	**recorder**
Blumen	39	**flowers**
Blumenladen	23	**flowershop**
Bluse	8	**blouse**
böse	37	**nasty**
Bonbons	27	**sweets**
Braten	12	**roast meat**
Bratkartoffeln	13	**fried potatoes**
Bratwurst	12	**fried sausage**
Braunbär	28	**brown bear**
Brause	14	**shower**
Brett	10	**board**
Brezel	13	**pretzel**
Briefkasten	22	**letter box**
Brille	9	**glasses**
Brot	12	**bread**
Brötchen	12	**roll**
Brücke	30	**bridge**
Brust	7	**breast**
Buch	17, 20, 22	**book**
Buchstabe	20	**letter**
Buntstift	21	**coloured pencil**
Büro	23	**office**
Bürste	10, 15	**brush**
Butter	13	**butter**

C

Café	23	**café**
CD	16	**compact disc**
CD-Spieler	16	**CD player**
Cockpit	24	**cockpit**
Comic	19	**comic**
Computer	19	**computer**
Cornflakes	26	**cornflakes**

D

Dach	33	**roof**
Deckel	10	**lid**
Deodorant	14	**deodorant**
Dezember	38	**December**
dick	36	**fat**
Dienstag	40	**Tuesday**
Donner	39	**thunder**
Donnerstag	40	**Thursday**
Dorf	30	**village**
Dose	11	**tin**
Dosenöffner	11	**tin opener**
Drachen	38	**kite**
drei	41	**three**
dreizehn	41	**thirteen**
dünn	36	**thin**
Dusche	14	**shower**
Duschgel	15	**shower lotion**
Duschvorhang	14	**shower curtain**

E

Ei	13	**egg**
Eichel	31	**acorn**

42

Eichhörnchen	31	squirrel
Eidechse	30	lizard
Eierbecher	11	eggcup
Eingang	20	entrance
Einkaufswagen	26	trolley
Einkaufszettel	26	shopping list
eins	41	one
Eis	13	ice-cream
Eisbär	29	polar bear
Elefant	28	elephant
elf	41	eleven
Ellenbogen	7	elbow
eng	37	tight
Ente	33	duck
Erster	37	first
Esel	29	donkey
essen	34	to eat
Essig	26	vinegar
Esslöffel	11	spoon
Esszimmer	12	dining room
Eule	31	owl

F

Fähre	24	ferry
falsch	37	wrong
Familie	28	family
fangen	35	to catch
Farbkasten	20	paintbo
Februar	38	February
Federmäppchen	21	pencil case
Feld	33	field
Fenster	19	window
Ferkel	32	piglet
fern	37	far
Fernbedienung	17	remote control
Fernseher	16	television
Ferse	7	heel
Feuer	17	fire
Feuerwehrauto	25	fire engine
Filzstift	21	felt-tip pen
Finger	7	finger
Fisch	12, 29	fish
Fischstäbchen	12	fish fingers
Flasche	27	bottle
Fleisch	27	meat
Fliesen	15	tiles
Flughafen	24	airport
Flugzeug	24	airplane
Fluss	30	river
flüstern	35	to whisper
Fohlen	32	foal
Föhn	15	hairdryer
Foto	17	photo
Frau	17	woman
Freitag	40	Friday
Friseur	23	hairdresser
fröhlich	37	cheerful
Frosch	30	frog
Frost	38	frost
Frühling	39	spring
Fuchs	31	fox

Füller	21	fountain pen
fünf	40, 41	five
fünfzehn	41	fifteen
Fuß	7	foot
Fußgänger	23	pedestrians
Fußgängerzone	23	pedestrian area
Futterkrippe	31	manger

G

Gabel	11	fork
Gameboy	18	Gameboy
Gangway	24	steps
Gans	33	goose
Garderobe	20	hall-stand
Garten	32	garden
geben	35	to give
Gefrierschrank	11	freezer
Gegensätze	36	opposites
gehen	34	to walk
Gehweg	22	pavement
Gemüse	13, 26	vegetables
Geschirr	11	dishes
Geschirrspülmaschine	10	dishwasher
Geschirrtuch	10	tea towel
geschlossen	36	closed
Gesicht	6	face
gesund	37	healthy
Getränke	27	beverages
Getreide	33	grain
Gewitter	39	thunderstorm
Gewürze	11	spices
Giraffe	28	giraffe
Gitarre	19	guitar
Glas	11	glass
glatt	36	smooth
Glied	7	penis
Glühbirne	17	light bulb
Gorilla	28	gorilla
Gras	31	grass
groß	36	tall
großer Zeiger	40	big hand
Gummistiefel	9	rubber boots
Gürtel	8	belt

H

Haare	6	hair
Haargummi	15	hair tie
Haarspange	15	hair slide
Haarspray	15	hair spray
Hafen	24	harbour
Haferflocken	26	rolled oats
Hagel	38	hail
Hahn	33	cock
Hähnchen	12	chicken
Hai	29	shark
halb	40	half
Hals	7	neck
Halskette	9	necklace
Haltestelle	23	stop
Hamburger	12	hamburger
Hand	7	hand

43

Handpuppe	18	glove puppet	Kaninchenstall	33	rabbit hutch
Handschuhe	9	gloves	Kanne	13	pot
Handtuch	15	towel	Kapitän	24	captain
hart	36	hard	Kartenspiel	18	deck of cards
Hase	31	hare	Kasse	27	cash register
hässlich	37	ugly	Kassette	16	cassette
Haus	22	house	Kassettenrekorder	16	cassette recorder
Haushaltsartikel	26	household articles	Kastanie	31	chestnut
Hausschuhe	9	slippers	Katze	33	cat
Heft	21	book	Kaufhaus	23	department store
heiß	36	hot	Kaufmannsladen	18	toy grocer's shop
Hemd	8	shirt	Kaugummi	27	chewing gum
Herbst	38	autumn	Kekse	27	biscuits
Herd	10	stove	Kerze	16	candle
Heu	33	hay	Kerzenständer	16	candlestick
Himmel	39	sky	Ketschup	13	ketchup
hinfallen	35	to fall down	Kinder	38	children
hinten	36	behind	Kinderzimmer	18	children's room
Hitze	39	heat	Kinn	6	chin
hoch	37	high	Kino	22	cinema
Holz	16	wood	Kirche	22	church
Honig	12	honey	Kissen	17	cushion
Hose	8	trousers	Klassenbuch	20	register
Hotel	22	hotel	Klassenzimmer	20	class room
Hubschrauber	24	helicopter	Klebeband	21	adhesive tape
Huhn	33	hen	Klebstoff	21	glue
Hühnerstall	33	henhouse	Kleid	9	dress
Hund	33	dog	Kleiderbügel	9	coat-hanger
Hundehütte	33	kennel	Kleiderschrank	9	wardrobe
			Kleidung	8	clothes
I			klein	36	short
Igel	30	hedgehog	kleiner Zeiger	40	little hand
Imbiss	22	snack bar	Knie	7	knee
			Knopf	8	button
J			Kochlöffel	11	cooking spoon
Jacke	9	jacket	Konserven	26	tinned food
Jäger	31	hunter	Kopf	7	head
Jahr	38	year	Kopfkissen	18	pillow
Jahreszeit	38	season	Korkenzieher	11	corkscrew
Januar	38	January	Körper	7	body
Jeans	8	jeans	krank	37	ill
Jogurt	27	yoghurt	Krankenwagen	25	ambulance
Juli	39	July	Kreide	20	chalk
Junge	38	boy	Kreme	15	cream
Juni	39	June	Kreuzung	23	crossroads
			Krokodil	29	crocodile
K			Kuchen	13	cake
Käfer	30	beetle	Kuchenform	10	cake tin
Kaffee	13	coffee	Küche	10	kitchen
Kaffeemaschine	11	coffee machine	Küchenmesser	11	kitchen knife
Käfig	28	cage	Küchenrolle	10	kitchen roll
kämmen	34	to comb	Kugelschreiber	21	ballpoint
Känguru	28	kangaroo	Kuh	32	cow
Käse	12, 26	cheese	Kühlschrank	11	fridge
Kakao	12	cocoa	Küken	33	chick
Kalb	32	calf	Kunde / Kundin	27	customer
kalt	36	cold	kurz	36	short
Kamel	28	camel	kurze Hose	8	shorts
Kamin	17	fireplace	Kuscheltier	18	soft toy
Kamm	15	comb	küssen	35	to kiss
Kaninchen	33	rabbit			

L

lachen	35	**to laugh**
Lamm	32	**lamb**
Lampe	17	**lamp**
Landkarte	21	**map**
lang	36	**long**
langsam	36	**slow**
Lastwagen	25	**lorry**
Latzhose	8	**dungarees**
laut	37	**loud**
leer	36	**empty**
Legosteine	19	**legos**
Lehrerin	21	**teacher**
leicht	36	**light**
leise	37	**quiet**
Leiter	18	**ladder**
lesen	34	**to read**
Letzter	37	**last**
lieb	37	**kind**
liegen	34	**to lie**
Lineal	20	**ruler**
links	36	**left**
Lippe	6	**lip**
Lippenstift	14	**lipstick**
Litfaßsäule	22	**advertising column**
Lokomotive	24	**locomotive**
Löwe	28	**lion**
Luft	24	**air**
Luftballon	18	**balloon**
Luftkissenboot	24	**hoverkraft**
Lutscher	27	**lollipop**

M

Mädchen	39	**girl**
Mähdrescher	33	**combine harvester**
Mai	39	**May**
Majonäse	26	**mayonaise**
malen	34	**to paint**
Mann	17	**man**
Mantel	9	**coat**
Margarine	27	**margarine**
Marionette	18	**puppet**
Marmelade	13	**jam**
März	39	**March**
Matrose	24	**sailor**
Maulwurf	30	**mole**
Maus	30	**mouse**
Meer	39	**sea**
Mehl	26	**flour**
Messer	11	**knife**
Mikrowellenherd	11	**microwave**
Milch	12	**milk**
Milchkännchen	13	**milk jug**
Minute	40	**minute**
Misthaufen	33	**manure heap**
Mittwoch	40	**Wednesday**
Monat	38	**month**
Montag	40	**Monday**
Moos	31	**moss**
Motorboot	24	**motorboat**
Motorrad	25	**motorcycle**

Müllabfuhr	25	**refuse collection**
Müllcontainer	22	**recycling bin**
Mülleimer	10	**rubbish bin**
Mund	6	**mouth**
Murmeln	19	**marbles**
Museum	23	**museum**
Müsli	12	**muesli**
Mutter	13	**mother**
Mütze	9	**cap**

N

Nachthemd	8	**nightdress**
Nacken	7	**neck**
Nageletui	14	**nailcare-set**
nah	37	**near**
Nase	6	**nose**
Nashorn	28	**rhino**
nass	36	**wet**
Nebel	39	**fog**
nehmen	35	**to take**
neun	40, 41	**nine**
neunzehn	41	**nineteen**
niedrig	37	**low**
Nilpferd	29	**hippo**
Notrufsäule	25	**emergency telephone**
November	38	**November**
Nudelholz	10	**rolling pin**
Nudeln	26	**noodles**

O

oben	37	**at the top**
Obst	26	**fruit**
Obstbäume	32	**fruit trees**
offen	36	**open**
Ohr	6	**ear**
Ohrring	9	**earring**
Oktober	38	**October**
Öl	26	**oil**
Omnibus	25	**bus**
Orangensaft	27	**orange juice**
Ordner	20	**file**
Ortsschild	23	**place name sign**

P

Pandabär	29	**panda**
Papagei	28	**parrot**
Papierkorb	20	**bin**
Papiertaschentücher	26	**tissues**
Parfüm	14	**perfume**
Parkplatz	25	**car park**
Parkuhr	23	**parking meter**
Patrone	21	**cartridge**
Pausenbrot	20	**snack**
Pfanne	10	**pan**
Pfannenwender	11	**scraper**
Pfau	29	**peacock**
Pfeffermühle	13	**pepper mill**
Pferd	32	**horse**
Pflug	32	**plough**
Pilot	24	**pilot**
Pilze	31	**mushrooms**

Pinguin	29	**penguin**	Schal	9	**scarf**
Pinsel	20	**brush**	Schallplatte	16	**record**
Pizza	12	**pizza**	Schallplattenspieler	16	**record player**
Po	7	**bottom**	Schaumbad	15	**bubble bath**
Polizeiauto	25	**police car**	Scheide	7	**vagina**
Polizist	23	**policeman**	Schere	21	**scissors**
Pommes frites	12	**chips**	Scheune	33	**barn**
Pony	29	**pony**	schieben	35	**to push**
Post	22	**post office**	Schienen	24	**tracks**
Poster	18	**poster**	Schiff	24	**ship**
Pudding	13	**pudding**	Schlafanzug	8	**pyjamas**
Pullover	8	**jumper**	schlafen	34	**to sleep**
Puppe	18	**doll**	Schlange	29	**snake**
Puppenhaus	18	**doll's house**	Schminkzeug	14	**make-up**
Puppenwagen	18	**doll's pram**	schmutzig	36	**dirty**
Puzzle	18	**jigsaw**	Schnee	38	**snow**
			Schneebesen	11	**whisk**
Q			schnell	36	**fast**
Quark	13	**curd cheese**	Schnitzel	12	**schnitzel**
			Schokolade	27	**chocolate**
R			schön	37	**beautiful**
Radiergummi	21	**rubber**	Schrank	16	**cabinet**
Radio	16	**radio**	schreiben	34	**to write**
Rasierapparat	15	**shaver**	Schreibtisch	19	**desk**
Rasierwasser	14	**aftershave lotion**	schreien	35	**to shout**
Raststätte	25	**service area**	Schubkarre	32	**wheelbarrow**
Rathaus	22	**town hall**	Schuhe	9	**shoes**
rau	36	**rough**	Schulbuch	20	**school book**
rechnen	34	**to calculate**	Schule	20	**school**
rechts	36	**right**	Schüler / Schülerin	21	**pupil**
reden	35	**to talk**	Schulhof	20	**school playground**
Regal	19	**shelves**	Schulranzen	20	**satchel**
Regen	39	**rain**	Schulter	7	**shoulder**
Regenbogen	39	**rainbow**	Schürze	11	**apron**
Regenjacke	9	**raincoat**	Schüssel	10	**bowl**
Regenschirm	9	**umbrella**	Schwamm	10, 21	**sponge**
Reh	31	**deer**	Schwan	30	**swan**
Rehbock	31	**roebuck**	Schwein	32	**pig**
Reibe	10	**grater**	schwer	36	**heavy**
Reinigungsmittel	26	**cleansing agents**	sechs	41	**six**
Reis	13	**rice**	sechzehn	41	**sixteen**
Reißverschluss	8	**zipper**	See	30	**lake**
Reklame	22	**advertisement**	Seehund	29	**seal**
rennen	34	**to run**	Segelflugzeug	24	**glider**
Restaurant	22	**restaurant**	Seife	15	**soap**
richtig	37	**right**	Sekunde	40	**second**
Ring	9	**ring**	Sekundenzeiger	40	**second hand**
Rock	8	**skirt**	Senf	13	**mustard**
Rücken	7	**back**	Sense	32	**scythe**
			September	38	**September**
S			Serviette	13	**napkin**
Saft	13	**juice**	Sessel	17	**easy chair**
Sahne	27	**cream**	Setzkasten	20	**case**
Salat	13	**salad**	Shampoo	15	**shampoo**
Salz	26	**salt**	Sieb	10	**sieve**
Salzstreuer	13	**salt shaker**	sieben	41	**seven**
Samstag	40	**Saturday**	siebzehn	41	**seventeen**
Sandalen	9	**sandals**	singen	34	**to sing**
sauber	36	**clean**	sitzen	34	**to sit**
Schaf	32	**sheep**	Socken	8	**socks**
Schaffner	24	**conducctor**	Sofa	17	**sofa**

46

Sommer	39	**summer**	Tal	31	**valley**
Sonderangebot	26	**special offer**	Tankstelle	25	**petrol station**
Sonne	39	**sun**	Tasche	27	**bag**
Sonntag	40	**Sunday**	Tasse	11	**cup**
Soße	12	**sauce**	Taxi	22	**taxi**
Spagetti	12	**spaghetti**	Teddy	18	**teddy bear**
Spiegel	15	**mirror**	Tee	12	**tea**
Spiegelei	12	**fried egg**	Teelöffel	11	**teaspoon**
Spielbrett	19	**board**	Telefon	17	**telephone**
spielen	34	**to play**	Telefonzelle	22	**phone booth**
Spielsteine	19	**pieces**	Teller	11	**plate**
Spielzeugauto	18	**toy car**	Teppich	16	**carpet**
Spielzeugeisenbahn	19	**toy train**	Thermometer	38	**thermometer**
Spielzeugkiste	19	**toy box**	Tiernahrung	26	**pet food**
Spinne	30	**spider**	Tierwärter	29	**zookeeper**
springen	35	**to jump**	Tiger	29	**tiger**
Spüle	10	**sink**	Tisch	16	**table**
Spülmittel	10	**washing-up liquid**	Toast	12	**toast**
Stadt	22	**town**	Toaster	11	**toaster**
Stadtbücherei	22	**town library**	Toilette	15	**toilet**
Stall	33	**stable**	Toilettenbürste	14	**toilet brush**
Stamm	31	**trunk**	Toilettenpapier	15	**toilet paper**
Stau	25	**traffic jam**	Topf	10	**pot**
Steckdose	17	**socket**	Topflappen	10	**pot-holder**
Steckenpferd	19	**hobby-horse**	Tower	24	**control tower**
stehen	34	**to stand**	tragen	35	**to carry**
Stein	30	**stone**	Trainingsanzug	8	**track-suit**
Stereoanlage	16	**stereo**	Traktor	32	**tractor**
Stewardess	24	**stewardess**	träumen	34	**to dream**
Stier	32	**bull**	traurig	37	**sad**
Stirn	6	**forehead**	Treppe	23	**steps**
Stöpsel	14	**plug**	trinken	34	**to drink**
Strand	39	**beach**	trocken	36	**dry**
Straße	22, 25	**street, road**	Trommel	19	**drum**
Straßenbahn	24	**tram**	Truthahn	33	**turkey**
Straßenlaterne	23	**street lamp**	T-Shirt	8	**T-shirt**
Straßenmaler	22	**street artist**	tun	34	**to do**
Straßenmusiker	22	**street musician**	Tür	32	**door**
Straßenschild	23	**street sign**	Turnschuhe	9	**gym shoes**
Strauß	28	**ostrich**			
streicheln	35	**to pet**	**U**		
Streichelzoo	29	**pet zoo**	U-Bahn	23	**underground**
Streichhölzer	17	**matches**	Uhr	40	**clock**
Strickjacke	8	**cardigan**	Uhrzeit	40	**time**
Strohballen	33	**bale of straw**	umarmen	35	**to embrace**
Strümpfe	8	**stockings**	unten	37	**at the bottom**
Strumpfhose	8	**tights**	Unterhemd	8	**vest**
Stuhl	16	**chair**	Unterhose	8	**pants**
Stunde	40	**hour**	Untertasse	11	**saucer**
Sturm	38	**storm**			
Supermarkt	26	**supermarket**	**V**		
Suppe	12	**soup**	Vase	17	**vase**
Suppenkelle	11	**soup ladle**	Vater	13	**father**
Suppenteller	11	**soup plate**	Verkäuferin	26	**shop assistant**
Süßigkeiten	27	**sweets**	Verkehr	24, 25	**transport**
Sweatshirt	8	**sweatshirt**	Verkehrsschild	25	**traffic sign**
			Videokassette	16	**video cassette**
T			Videorekorder	16	**video recorder**
Tablett	12	**tray**	viel	37	**a lot of**
Tafel	20	**blackboard**	vier	41	**four**
Tag	40	**day**	Viertel	40	**quarter**

47

vierzehn	41	fourteen
Vogel	31	bird
Vogelkäfig	16	birdcage
Vogelscheuche	30	scarecrow
voll	36	full
Vorhang	17	curtain
vorne	36	in front

W

Waage	15	scales
Wachsmalstift	21	wax crayon
Wagon	24	waggon
Wald	30	forest
Wand	21	wall
Wanderer	30	hikers
Wange	6	cheek
Wärmflasche	14	hot-water bottle
Waschbecken	15	wash-sink
Waschbeutel	14	sponge bag
waschen	34	to wash
Wäsche	15	laundry
Wäschetrockner	14	dryer
Waschlappen	14	flannel
Waschmaschine	14	washing machine
Waschpulver	26	washing powder
Wasser	24	water
Wasserhahn	14	water tap
Watte	15	cotton wool
Wecker	18	alarm clock
Weg	30	path
Wegweiser	30	signpost
weich	36	soft
Weide	32	pasture
weinen	35	to cry
weit	37	wide
wenig	37	little
werfen	35	to throw
Wetter	38, 39	weather
Wiese	30	meadow
Wildschwein	31	wild pig
Wind	38	wind
Windeln	26	nappies
Winter	38	winter
Woche	40	week

Wohnzimmer	16	living room
Wolke	39	cloud
Wort	21	word
Würfel	19	dice
Wurst	12, 26	sausage

X

Xylofon	19	xylophone

Z

Zahl	20	number
Zahlen	41	numbers
Zahn	6	tooth
Zahnbürste	15	toothbrush
Zähne putzen	34	to brush one's teeth
Zahnpasta	15	toothpaste
Zahnputzbecher	15	toothbrush glass
Zapfen	31	cone
Zaun	33	fence
Zebra	28	zebra
Zebrastreifen	23	zebra crossing
Zeh	7	toe
zehn	41	ten
Zeichenblock	21	drawing pad
Zeichnung	21	drawing
zeigen	35	to show
Zeitschriften	27	magazines
Zeitung	17	newspaper
Zelt	30	tent
Zeugnis	20	report
Ziege	29	goat
ziehen	35	to pull
Zifferblatt	40	face
Zirkel	21	pair of compasses
Zitronenpresse	10	lemon squeezer
Zoo	28	zoo
Zucker	26	sugar
Zuckerdose	12	sugar bowl
Zug	24	train
zuhören	35	to listen
Zunge	6	tongue
zwanzig	40, 41	twenty
zwei	41	two
zwölf	41	twelve